BEI GRIN MACHT SICH IHR
WISSEN BEZAHLT

AF167070

- Wir veröffentlichen Ihre Hausarbeit,
  Bachelor- und Masterarbeit

- Ihr eigenes eBook und Buch -
  weltweit in allen wichtigen Shops

- Verdienen Sie an jedem Verkauf

Jetzt bei www.GRIN.com hochladen
und kostenlos publizieren

Individuelle Trainingsplanung im Bereich "Ausdauertraining"

Diana Schöniger

Bibliografische Information der Deutschen Nationalbibliothek:

Die Deutsche Nationalbibliothek verzeichnet diese Publikation in der Deutschen Nationalbibliografie; detaillierte bibliografische Daten sind im Internet über http://dnb.d-nb.de abrufbar.

ISBN: 9783346301901
Dieses Buch ist auch als E-Book erhältlich.

© GRIN Publishing GmbH
Nymphenburger Straße 86
80636 München

Druck und Bindung: Books on Demand GmbH, Norderstedt Germany
Gedruckt auf säurefreiem Papier aus verantwortungsvollen Quellen

Das vorliegende Werk wurde sorgfältig erarbeitet. Dennoch übernehmen Autoren und Verlag für die Richtigkeit von Angaben, Hinweisen, Links und Ratschlägen sowie eventuelle Druckfehler keine Haftung.

Das Buch bei GRIN: https://www.grin.com/document/958105

Deutsche Hochschule für
Prävention und Gesundheitsmanagement
Hermann Neuberger Sportschule 3
66123 Saarbrücken

Einsendeaufgabe

Fachmodul:	Trainingslehre 2
Studiengang:	Ernährungsberatung
Datum Präsenzphase:	16.07.2018 – 18.07.2018
Name, Vorname:	Schöniger, Diana
Studienort:	Leipzig
Semester:	SS 2016

Inhaltsverzeichnis

1   DIAGNOSE 3

1.1   Allgemeine und biometrische Daten...3

1.2   Leistungsdiagnostik/Ausdauertestung 5

   1.2.1   Auswahl des Testverfahrens auf dem Fahrradergometer 6

   1.2.2   Testverlauf...6

   1.2.3   Bewertung des erzielten Testergebnisses...7

1.3   Gesundheits- und Leistungsstatus der Person 7

2   ZIELSETZUNG/PROGNOSE 7

3   TRAININGSPLANUNG MESOZYKLUS...8

3.1   Grobplanung Mesozyklus 8

3.2   Detailplanung Mesozyklus 10

3.3   Begründung zum Mesozyklus 12

   3.3.1   Wöchentlicher Belastungsumfang...12

   3.3.2   Ausgewählte Trainingsmethoden 12

   3.3.3   Belastungsprogression 13

   3.3.4   Angesteuerte Trainingsbereiche...14

   3.3.5   Auswahl der Ausdauergeräte bzw. der Bewegungsformen..........................15

4   LITERATURRECHERCHE 15

5   LITERATURVERZEICHNIS...18

6   TABELLENVERZEICHNIS...20

1 Diagnose

In Kapitel 1 werden die Diagnosedaten der Person beschrieben. Zur Diagnose zählen die allgemeinen und biometrischen Daten der Person, die Auswahl sowie Durchführung des Ausdauertestes auf dem Fahrradergometer und die anschließende Bewertung des Gesundheits- und Leistungszustandes der Person.

1.1 Allgemeine und biometrische Daten

Bevor die Person in das Training einsteigt, sind verschiedene Daten (z.B. Alter, Geschlecht, Trainingsmotive usw.) in einem Eingangsgespräch zu ermitteln um eine individuelle und erfolgreiche Trainingsplanung gestalten zu können.

In der folgenden Tabelle sind die allgemeinen und biometrischen Daten der Person aufgeführt.

Tab. 1: Allgemeine und biometrische Daten

Alter	29 Jahre
Geschlecht	weiblich
Körpergröße	1,65 m
Körpergewicht	75 kg
BMI	27,6 kg/m²
Körperfettanteil	35 %
Trainingsmotive	- Gewichtsreduktion für mehr Wohlbefinden und Selbstbewusstsein - Senkung des Körperfettanteils - Senkung des Blutdrucks für die Gesundheit - Spaß am Training
Beruf	Verwaltungsangestellte
aktuelle und frühere sportliche Aktivitäten	Die Person trainiert seit 2 Jahren regelmäßig (3-4 mal/Woche) im Fitnessstudio. Sie macht dort 2 mal/Woche Krafttraining an Geräten und danach noch 30 Minuten Ausdauertraining auf dem Crosstrainer, Laufband oder Fahrrad. 1 mal/Woche geht sie joggen für jeweils 30 Minuten oder nimmt in ihrem Fitnessstudio an einem Kurs wie z.B. Zumba oder Spinning teil. Im Winter betreibt sie zusätzlich

	Skilanglauf (1 mal/Woche für 30 Minuten).
verfügbare Zeit	Die Person hat dreimal wöchentlich (Montag, Mittwoch und Samstag) jeweils 1,5 Stunden Zeit für das Training.
allgemeiner Gesundheits- zustand	Bis auf das Übergewicht sind keine gesundheitlichen Einschränkungen vorhanden. Die Person hat keine orthopädischen und internistischen Probleme, sie ist nicht in ärztlicher Behandlung und nimmt keine Medikamente ein. Sie ist somit voll belast- und trainierbar.
Blutdruck	123/81 mmHg
Ruhepuls	65 S/min

Um den Blutdruck der Person zu kategorisieren, ist in der nächsten Tabelle die Klassifikation der Blutdruckwerte laut der Deutschen Hochdruckliga dargestellt.

Tab. 2: Klassifikation der Blutdruckwerte (Deutsche Hochdruckliga, 2017, S. 9)

Blutdruckkategorie	systolisch (mmHg)	diastolisch (mmHg)
optimal	unter 120	unter180
normal	120 – 129	80 – 84
hochnormal	130 – 139	85 – 89
Hypertonie Grad 1	140 – 159	90 – 99
Hypertonie Grad 2	160 – 179	100 – 109
Hypertonie Grad 3	180 oder mehr	110 oder mehr
isolierte systolische Hypertonie	140 oder mehr	unter 90

Der Blutdruck liegt bei 123/81 mmHg und ist somit als normal zu betrachten.

Die Körpermasse wird international durch den Body-Mass-Index (BMI) definiert und klassifiziert. Er wird berechnet, indem das Körpergewicht durch die Körpergröße zum Quadrat dividiert wird. Die aktuelle Klassifikation des Körpergewichts von der World Health Organisation (WHO) bei Erwachsenen mittels BMI lassen sich aus Tabelle 3 ablesen. Mit einem BMI von 27,6 kg/m² befindet sich die Person in der Kategorie „Übergewicht", genauer in der Kategorie „Präadipositas".

Tab. 3: Gewichtsklassifikation bei Erwachsenen anhand des BMI (nach WHO, 2000, S. 9)

Kategorie	BMI (kg/m²)
Untergewicht	< 18,5
Normalgewicht	18,5 – 24,9
Übergewicht	≥ 25,0
- Präadipositas	25,0 – 29,9
- Adipositas Grad 1	30,0 – 34,9
- Adipositas Grad 2	35,0 – 39,9
- Adipositas Grad 3	≥ 40

Der Körperfettanteil der Person liegt bei 35 %. Er wurde durch Bestimmung der Haut-
faltendicke an standardisierten Punkten (Bizeps, Trizeps, Wade, subscapular,
suprailiacal) ermittelt. Andere Verfahren, wie z.B. Bioimpedanzmessungen, sind nicht
gewählt worden, da diese Messverfahren durch z.t. erhebliche Flüssigkeitsverschiebun-
gen zu ungenau sind (Dickhut, 2011, S. 221). Ein guter Bereich für den Körperfettanteil
liegt bei ca. 25-30 %.

Der Ruhepuls liegt mit 65 S/min im normalen Bereich (Dickhut, 2011, S. 23). Er gibt
Aufschluss über Gesundheits- und Trainingszustand. Den Ruhepuls hat die Person mor-
gens im Bett, vor dem Aufstehen, selbst gemessen.

1.2 Leistungsdiagnostik/Ausdauertestung

Nach Ermittlung der allgemeinen und biometrischen Daten wird mit der Person ein in-
dividuell geeigneter Fahrradergometer-Test durchgeführt. Die Testung dient dazu die
maximale Leistung der Person zu ermitteln und Aussagen zum Leistungsstatus machen
zu können.

Die Fahrradergometrie stellt die gebräuchlichste Belastungsform dar. Vorteile sind zum
einen die exakte Dosierbarkeit und Reproduzierbarkeit und zum anderen die koordinativ
einfache Tretbewegung, die fast jede Person ausführen kann (Fünten, Faude, Skorski &
Meyer, 2013, S. 172).

Im Folgenden wird die Auswahl des Testverfahrens erläutert, der Testverlauf beschrieben und das Testergebnis bewertet.

1.2.1 Auswahl des Testverfahrens auf dem Fahrradergometer

Zur Ermittlung der Ausdauerleistungsfähigkeit wird anhand der Ergebnisse aus dem Eingangsgespräch ein geeigneter Ausdauertest gewählt. Dadurch, dass die Person moderat ausdauertrainiert ist (siehe Tab. 1), wird der Hollmann-Venrath-Test durchgeführt. Es handelt sich hierbei um einen submaximalen Fahrradergometer-Test.

1.2.2 Testverlauf

Für den Fahrradergometer-Test wird die sitzende Position gewählt, da hier der Wirkungsgrad und damit die maximale Leistungsfähigkeit höher ist als bei der liegenden Fahrradergometrie (Dickhut, 2011, S. 227).

Bevor mit dem Test begonnen wird, muss zuerst die richtige Sitzposition eingestellt werden. Ein zu niedrig eingestellter Sattel verhindert eine optimale Kraftübertragung. Ist der Sattel zu hoch eingestellt, muss die Hüfte ständige Ausgleichbewegungen nach beiden Seiten ausführen. Als Folge kommt es zu einer Fehlbeanspruchung der Lendenwirbelsäule und Sitzbeschwerden. Ist der Sattel zu niedrig eingestellt, treten überwiegend Probleme im Kniegelenk auf. Die Kraftübertragung ist ungünstig und es kommt zur schnellen Ermüdung der Muskulatur (Neumann & Hottenrott, 2016, S. 173). Nachdem die optimale Sitzposition eingestellt wurde, beginnt der Test. Die Trittfrequenz liegt durchgehend bei 60-80 U/min. Die Eingangsbelastung beträgt 30 Watt. Alle 3 Minuten wird die Belastung um 40 Watt gesteigert. Nach jeder Minute wird die Herzfrequenz gemessen und in das Testprotokoll (siehe Tab. 4) eingetragen. Erhöht wird die Wattleistung so lange, bis die Person die Pulsobergrenze von 150 S/min erreicht hat (Hottenrott & Neumann, 2016, S. 316-317). Nachdem die erreichte Wattstufe bis Vollendung der 3 Minuten durchgefahren wurde, erfolgt der Abbruch des Tests.

In der nachfolgenden Tabelle sind die Testergebnisse der Fahrradergometrie aufgeführt.

Tab. 4: Testprotokoll

Zeit (in Minuten)	Watt	Hf 1 (S/min)	Hf 2 (S/min)	Hf 3 (S/min)
1., 2., 3.	30	70	69	70
4., 5., 6.	70	78	75	74
7., 8., 9.	110	90	95	96
10., 11., 12.	150	118	127	133
13., 14., 15.	190	142	149	150
Watt gesamt	190 Watt			
Watt/kg	190 Watt/75 kg = 2,53			
Bewertung n. Normtabelle	guter bzw. überdurchschnittlicher Bereich			

Nach 15 Minuten hat die Person ihre Pulsobergrenze von 150 S/min erreicht. Die Pulsobergrenze wurde im Voraus mittels IPN Tabellen ermittelt. Die Person ist 29 Jahre alt und hat eine Ruheherzfrequenz von 65 S/min. Daraus ergibt sich eine Zielherzfrequenz von 145 S/min. Da sie moderat ausdauertrainiert ist, wird ein Pulsaufschlag von plus 5 S/min berechnet.

Da nach 15 Minuten die Belastungsstufe endete, war somit auch der Test vorbei.

1.2.3 Bewertung des erzielten Testergebnisses

Da das Körpergewicht vom Gerät getragen wird und damit voll für Leistungserbringung eingesetzt werden kann, erfolgt die Beurteilung auf dem Fahrradergometer körpergewichtsbezogen (Fünten, Faude, Skorski & Meyer, 2013, S. 174). Es besteht also ein annähernd linearer Zusammenhang zwischen dem Körpergewicht und der maximalen Leistung, unabhängig vom Trainingszustand. Die Bewertung der maximalen Leistung wird somit in Watt/kg angegeben (Dickhut, 2011, S. 227).

Die Person hat 5 Belastungsstufen vollständig durchgefahren und bei Minute 15 ihre Pulsobergrenze erreicht. Daraus ergibt sich eine Leistung von 2,53 Watt/kg. Vergleicht man dieses Ergebnis mit den Normwerten nach IPN bei Frauen, ist erkennbar, dass sich die Leistung der Person im guten bzw. überdurchschnittlichen Bereich befindet.

1.3 Gesundheits- und Leistungsstatus der Person

Der Gesundheitsstatus der Person ist sehr gut. Diese Erkenntnis ergibt sich aus den allgemeinen und biometrischen Daten (siehe Tab. 1) und der Ausdauertestung. Ihr Leistungszustand ist laut IPN im überdurchschnittlichen Bereich.

2 Zielsetzung/Prognose

Die Planung des Trainings beginnt mit einer realistischen und konkreten Zielsetzung. Das gewünschte Ziel soll in einem vorgegebenen Zeitraum erreicht werden. Die Reizsetzungen durch das Training sind inhaltlich und zeitlich so zu gestalten, dass der Körper mit den gewünschten Anpassungen reagiert (Ülsmann, 2012, S. 18).

In der nächsten Tabelle sind drei relevante Ziele der Person auf Basis der Diagnosedaten dargestellt.

Tab. 5: Relevante Ziele auf Basis der Diagnosedaten

Inhalt	Ausmaß	Zeit
Gewichtsreduktion	500 g	pro Woche
	8 kg	innerhalb von 16 Wochen
Senkung des Körperfettanteils	um 5 %	innerhalb von 16 Wochen
Senkung des Blutdrucks	um 5mmHg systolisch und diastolisch	innerhalb von 16 Wochen

Ein Ziel der Person ist die Gewichtsreduktion bis min. ein BMI von < 24,9 kg/m² erreicht ist. Dies entspricht einer Gewichtsreduktion von 8 kg. Das nächste relevante Ziel ist die Senkung ihres Körperfettanteils um 5 %. Diese beiden Ziele möchte sie erreichen, da sie sich wieder wohl fühlen und mehr Selbstbewusstsein bekommen will. Das letzte Ziel ist die Senkung des Blutdrucks um 5mmHg systolisch und diastolisch. Sie möchte vom normalen Bereich in den optimalen Bereich. Dies ist ihr wichtig, da sie Herz-Kreislauf-Erkrankungen vorbeugen möchte.

3 Trainingsplanung Mesozyklus

Der Mesozyklus ist ein mittelfristiger Trainingsabschnitt, der aus mehreren Mikrozyklen besteht. Er passt sich dem veränderten Leistungszustand der trainierenden Person an. Die Hauptfunktionen des Mesozyklus sind zum einen die Sicherung von Belastung und Erholung und zum anderen die Umsetzung eines akzentuierten Trainings zur Entwicklung von Fähigkeitskomplexen. Der Mikrozyklus ist ein kurzfristiger Trainingsabschnitt, der meist als Wochenzyklus geplant wird und aus mehreren Trainingseinheiten besteht (Hottenrott & Seidel, 2017, S. 99-100).

3.1 Grobplanung Mesozyklus

Die Grobplanung des Mesozyklus beginnt mit der Dauer und dem spezifischen Trainingsziel der einzelnen Mikrozyklen. Für das Training der Grundlagenausdauer im aeroben Bereich wird die Bezeichnung „GA 1" eingetragen.

Nach dem spezifischen Trainingsziel steht der zeitliche Trainingsumfang pro Woche und die Trainingsmethode (die extensive Dauermethode wird mit „ext. DM" und die variable Dauermethode mit „var. DM" abgekürzt). Danach wird die Belastungsintensität aufgrund der Trainingsmethode festgelegt. Es folgen Trainingshäufigkeit pro Woche und Trainingsdauer pro Trainingseinheit. Zum Schluss wird das Trainingsgerät bzw. Bewegungsform festgehalten.

In der folgenden Tabelle ist die grobe Trainingsplanung für das Ausdauertraining in Form eines 6-wöchigen Mesozyklus dargestellt.

Tab. 6: Grobplanung Mesozyklus

	Mikro 1	Mikro 2	Mikro 3	Mikro 4	Mikro 5	Mikro 6
Dauer	1 Woche	1 Woche	1 Woche	1 Woche	1 Woche	1 Woche
spez. Trainingsziel	GA 1	GA 1	GA 1	GA 1	GA 1	GA 1
zeitl. Trainings- umfang/Woche	180 min.	180 min.	180 min.	180 min.	180 min.	180 min.
Trainings- methode	ext. DM + var. DM	ext. DM + var. DM	ext. DM + var. DM	ext. DM + var. DM	ext. DM + var. DM	ext. DM + var. DM
Belastungs- intensität	ext. DM 45-65% $Hf_{Reserve}$	ext. DM 45-65% $Hf_{Reserve}$	ext. DM 45-65% $Hf_{Reserve}$	ext. DM 45-65% $Hf_{Reserve}$	ext. DM 45-65% $Hf_{Reserve}$	ext. DM 45-65% $Hf_{Reserve}$
	var. DM 45-80% $Hf_{Reserve}$	var. DM 45-80% $Hf_{Reserve}$	var. DM 45-80% $Hf_{Reserve}$	var. DM 45-80% $Hf_{Reserve}$	var. DM 45-80% $Hf_{Reserve}$	var. DM 45-80% $Hf_{Reserve}$
Trainingshäufig- keit/Woche	3 mal	3 mal	3 mal	3 mal	3 mal	3 mal
Trainingsdauer/ Trainingseinheit	60 min.	60 min.	60 min.	60 min.	60 min.	60 min.
Trainingsgerät bzw. Bewegungsform	Laufband u. Cross- trainer	Laufband u. Cross- trainer	Laufband u. Cross- trainer	Laufband u. Cross- trainer	Laufband u. Cross- trainer	Laufband u. Cross- trainer

3.2 Detailplanung Mesozyklus

Nachfolgend sind die Detailplanung des oben aufgeführten Mesozyklus und eine Beispielrechnung der konkret berechneten Trainingsherzfrequenzen (Thf) nach der Karvonen-Formel dargestellt.

Tab. 7: Detailplanung Mesozyklus

Woche 1	Montag	Mittwoch	Samstag	Woche 2	Montag	Mittwoch	Samstag
Trainingsziel	GA 1	GA 1	GA 1	Trainingsziel	GA 1	GA 1	GA 1
Tr.-Methode	ext. DM	var. DM	ext. DM	Tr.-Methode	ext. DM	var. DM	ext. DM
Tr.-Intensität	45-50% $Hf_{Reserve}$	ext. DM 45-50% $Hf_{Reserve}$ / int. DM 65-70% $Hf_{Reserve}$	45-50% $Hf_{Reserve}$	Tr.-Intensität	45-50% $Hf_{Reserve}$	ext. DM 45-50% $Hf_{Reserve}$ / int. DM 65-70% $Hf_{Reserve}$	45-50% $Hf_{Reserve}$
be-rechnete Thf (ext. DM)	Pulsuntergrenze (PU) = 122 S/min	PU = 122 S/min	PU = 122 S/min	be-rechnete Thf (ext. DM)	PU = 122 S/min	PU = 122 S/min	PU = 122 S/min
	Pulsobergrenze (PO) = 128 S/min	PO = 128 S/min	PO = 128 S/min		PO = 128 S/min	PO = 128 S/min	PO = 128 S/min
(int. DM)		PU = 147 S/min		(int. DM)		PU = 147 S/min	
		PO = 153 S/min				PO = 153 S/min	
Tr.-Dauer	40 min.	jew. 5 min. bis 40 min.	40 min.	Tr.-Dauer	40 min.	jew. 5 min. bis 40 min.	40 min.
Tr.-Gerät	Laufband	Crosstrainer	Laufband	Tr.-Gerät	Laufband	Crosstrainer	Laufband
Woche 3	Montag	Mittwoch	Samstag	Woche 4	Montag	Mittwoch	Samstag
Trainingsziel	GA 1	GA 1	GA 1	Trainingsziel	GA 1	GA 1	GA 1
Tr.-Methode	ext. DM	var. DM	ext. DM	Tr.-Methode	ext. DM	var. DM	ext. DM
Tr.-Intensität	50-55% $Hf_{Reserve}$	ext. DM 50-55% $Hf_{Reserve}$	50-55% $Hf_{Reserve}$	Tr.-Intensität	50-55% $Hf_{Reserve}$	ext. DM 50-55% $Hf_{Reserve}$	50-55% $Hf_{Reserve}$

		Montag	Mittwoch	Samstag			Montag	Mittwoch	Samstag
			int. DM 70-75% Hf$_{Reserve}$					int. DM 70-75% Hf$_{Reserve}$	
berechnete Thf	ext. DM	PU = 128 S/min	PU = 128 S/min	PU = 128 S/min	berechnete Thf	ext. DM	PU = 128 S/min	PU = 128 S/min	PU = 128 S/min
		PO = 134 S/min	PO = 134 S/min	PO = 134 S/min			PO = 134 S/min	PO = 134 S/min	PO = 134 S/min
	int. DM		PU = 153 S/min			int. DM		PU = 153 S/min	
			PO = 160 S/min					PO = 160 S/min	
Tr.-Dauer		50 min.	jew. 10 min. bis 50 min.	50 min.	Tr.-Dauer		50 min.	jew. 10 min. bis 50 min.	50 min.
Tr.-Gerät		Laufb.	Crosstr.	Laufb.	Tr.-Gerät		Laufb.	Crosstr.	Laufb.
Woche 5		Montag	Mittwoch	Samstag	**Woche 6**		Montag	Mittwoch	Samstag
Trainingsziel		GA 1	GA 1	GA 1	Trainingsziel		GA 1	GA 1	GA 1
Tr.-Methode		ext. DM	var. DM	ext. DM	Tr.-Methode		ext. DM	var. DM	ext. DM
Tr.-Intensität		55-60% Hf$_{Reserve}$	ext. DM 55-60% Hf$_{Reserve}$ / int. DM 75-80% Hf$_{Reserve}$	55-60% Hf$_{Reserve}$	Tr.-Intensität		60-65% Hf$_{Reserve}$	ext. DM 60-65% Hf$_{Reserve}$ / int. DM 75-80% Hf$_{Reserve}$	60-65% Hf$_{Reserve}$
berechnete Thf	ext. DM	PU = 134 S/min	PU = 134 S/min	PU = 134 S/min	berechnete Thf	ext. DM	PU = 141 S/min	PU = 141 S/min	PU = 141 S/min
		PO = 141 S/min	PO = 141 S/min	PO = 141 S/min			PO = 147 S/min	PO = 147 S/min	PO = 147 S/min
	int. DM		PU = 160 S/min			int. DM		PU = 160 S/min	
			PO = 166 S/min					PO = 166 S/min	
Tr.-Dauer		60 min.	jew. 20 min. bis 60 min.	60 min.	Tr.-Dauer		60 min.	jew. 20 min. bis 60 min.	20 min.
Tr.-Gerät		Laufb.	Crosstr.	Laufb.	Tr.-Gerät		Laufb.	Crosstr.	Laufb.

Die Trainingsherzfrequenz wurde mithilfe der Karvonen-Formel berechnet. Beispielhaft ist nachfolgend die Berechnung der Pulsuntergrenze für Woche 1 und der ext. DM aufgeführt.

Karvonen- Formel: $Thf = (Hf_{max} - Hf_{Ruhe})$ x Intensität in % + Hf_{Ruhe}

Hf_{Ruhe} = 65 S/min

Hf_{max} (Laufband) = 220 – LA = 191 S/min

$Hf_{Reserve}$ = 191 – 65 = 126 S/min

Belastungsintensität = 45% $Hf_{Reserve}$

$Thf = (191 - 65)$ x 0,45 + 65 = 122 S/min

3.3 Begründung zum Mesozyklus

Im nächsten Abschnitt wird der Aufbau des Mesozyklus in Abhängigkeit der Zielsetzung, dem Gesundheits- und Leistungszustand der Person beschrieben.

3.3.1 Wöchentlicher Belastungsumfang

Die Person trainiert in jedem Mesozyklus dreimal pro Woche (Montag, Mittwoch und Samstag). Dies entspricht ihrem zeitlichen Verfügungsrahmen. Dazwischen liegen ein bis zwei Tage Trainingspause zur Regeneration. Sie ist Voraussetzung für eine erfolgreiche Belastungsbewältigung und die weitere Leistungssteigerung. Es soll ein Zustand des Organismus erreicht werden, der die erneute Trainingsbelastbarkeit sichert (Hottenrott & Neumann, 2016, S. 47).

Um die optimale Leistungsfähigkeit nach dem Training schnell wieder herzustellen kann die Regeneration gefördert werden. Es gibt dazu verschiedene Möglichkeiten, wie z.B. eine angemessene Ernährung, begleitende psychische und physische Maßnahmen. Auch passive Regenerationsmaßnahmen, wie Sauna, Solarium, Massagen, Dampfbäder usw. sind sinnvoll. Das bedeutendste Mittel für die Regeneration ist allerdings die sinnvolle Trainingsplanung. Sie ist entscheidend für die richtige Balance in der Belastungsgestaltung und orientiert sich an der individuellen Leistung der trainierenden Person (Schurr, 2012, S. 15).

3.3.2 Ausgewählte Trainingsmethoden

Die ausgewählte Trainingsmethode im Mesozyklus ist zum einen die extensive Dauermethode und zum anderen die variable Dauermethode. Charakterisiert ist die Dauermethode durch eine ununterbrochene, trainingswirksame Belastung über eine lange Zeit-spanne (Dargatz, 2008, S. 41).

Zu den Trainingswirkungen/Anpassungserscheinungen der extensiven Dauermethode zählen Ökonomisierung der Herz-Kreislauf-Arbeit, Verbesserung der peripheren Durchblutung, Erweiterung des aeroben Stoffwechsels mit Verbesserung der Fettver-brennung, Nutzung der Glukoneogenese (bei überlanger Dauer), Ausbildung einer Vagotonie im vegetativ-nervalen Bereich und Ausbildung eines stabilen Bewegungsste-reotyps (ST-Faser-Rekrutierung). Zur Anwendung und den Zielsetzungen gehören Ge-sundheits-/Fitnesstraining, Regenerationsbeschleunigung, Fettstoffwechseltraining, Ökonomisierung der Bewegungstechnik (für lange Belastungen) und Stabilisierung ei-nes erreichten Leistungsniveaus (Zintl & Eisenhut, 2009, S. 119).

Die variable Dauermethode stellt eine Mischform zwischen der ext. DM und der int. DM dar. Zu ihren Trainingswirkungen/Anpassungserscheinungen zählen Anpassungen im Herz-Kreislauf-System, in der Skelettmuskulatur und im vegetativen Bereich ähnlich denen der extensiven Dauermethode und intensiven Dauermethode, jedoch in geringerer Ausprägung. Außerdem kommt es zur Verbesserung der Umstellung der Energiebereit-stellung (zwischen rein aerober Fettsäuren-/Glykogenverbrennung und aerob/anaerobem Glykogenabbau), Verbesserung von Laktatkompensation und -elimination (in den ex-tensiven Belastungsphasen) und Unterbrechung der Ausprägung stabiler Bewegungsste-reotypen. Zur Anwendung und den Zielsetzungen der variablen Dauermethode gehören Erweiterung der aeroben Kapazität, Durchhalten langer Belastungsphasen mit wech-selnden Intensitäten (z.B. in Sportspielen), Beschleunigung der Wiederherstellung wäh-rend gering beanspruchender Belastungsphasen nach vorangegangenen intensiven Be-lastungen und Verbesserung der Umstellung in den Energiebereitstellungsprozessen (Grosser, Starischka & Zimmermann, 2012, S. 133).

Neben den oben genannten Trainingswirkungen/Anpassungserscheinungen und An-wendungen bzw. Zielsetzungen wechselt die Person zwischen ext. DM und var. DM, da das Training sonst zu eintönig ist und die Gefahr des Motivationsschwundes besteht (Vahl, 2014, S. 60).

3.3.3 Belastungsprogression

Trainingsbelastungen, die über einen längeren Zeitraum unverändert bleiben, werden trainingsunwirksam und die Person wird keine bzw. nur kaum Leistungsfortschritte er-zielen. Deshalb muss in gewissen Zeitabständen eine Steigerung der Trainingsbelastung erfolgen. Diese Belastungssteigerung kann allmählich oder sprunghaft geschehen. Entschieden wir dies aufgrund des biologischen Alters, dem Trainingsalter und dem Entwicklungsniveau der entsprechenden sportmotorischen Fähigkeit. Bei der trainierenden Person wird die Belastung allmählich gesteigert, da dies die grundsätzliche Verfahrensweise im Grundlagentraining darstellt und somit auch die unangenehmen Begleitumstände von Belastungssprüngen, wie z.b. erhöhte Schädigungsmöglichkeit und Leistungsinstabilität, vermieden werden (Zintl & Eisenhut, 2009, S. 18).

Eine Steigerung der Belastungskomponenten ist in folgender Reihenfolge sinnvoll: Erhöhung der Trainingshäufigkeit, Erhöhung des Trainingsumfangs pro Trainingseinheit, Verkürzung der Pausen und Steigerung der Trainingsintensität (Zintl & Eisenhut, 2009, S. 18-19).

Bei der Person bleibt die Trainingshäufigkeit im aufgeführten Mesozylus durchgehend bei 3 mal pro Woche. Sie möchte die Trainingshäufigkeit nicht verringern, da sie ihre Trainingseinheiten zeitlich gut in den Alltag geplant hat und ihr ansonsten ein Ausgleich zu ihrer sitzenden Arbeit fehlen würde.

Gesteigert wird allerdings der Trainingsumfang. Nach zwei Wochen erhöht sich die Trainingsdauer um jeweils 10 Minuten. Gestartet wird in Woche 1 und 2 bei einer Dauer von 40 min. und endet in Woche 5 und 6 mit 60 min.

Auch die Trainingsintensität erhöht sich nach Woche 2, 4 und 5 jeweils um 5 %.

3.3.4 Angesteuerte Trainingsbereiche

Der angesteuerte Trainingsbereich ist in dem dargestellten 6-wöchigen Mesozyklus die Grundlagenausdauer 1.

Die Grundlagenausdauer ist definiert als die sportartunabhängige Ermüdungswiderstandsfähigkeit bei Langzeitbelastungen unter Einsatz großer Muskelgruppen (Zintl & Eisenhut, 2009, S. 44). Die Grundlagenausdauerfähigkeit schafft die Voraussetzung für die Verträglichkeit intensiver Belastungen (z.B. intensives Training und hohe Laufgeschwindigkeiten) und verhilft außerdem dazu Regenerationsprozesse zu beschleunigen und Verletzungen vorzubeugen (Grosser, Starischka & Zimmermann, 2012, S. 143). Sie bewirkt auch eine Steigerung der psychischen Belastbarkeit und eine geringere banale Infektanfälligkeit bzw. stabilere Gesundheit (Friedrich, 2016, S. 107). Beim Grundlagenausdauertraining (GA 1, GA 2) entwickelt sich eine ökonomische Arbeitsweise der Funktionssysteme (Herz-Kreislauf-System, Stoffwechsel, vegetatives Nervensystem) (Neumann & Hottenrott, 2016, S. 137). Sie ist außerdem elementar für die Entwicklung einer speziellen Ausdauer (Vahl, 2014, S. 70).

Ziel des Grundlagenausdauertraining 1 (GA 1) ist die Entwicklung und Stabilisierung der Grundlagenausdauerfähigkeit und Vorbereitung der Verträglichkeit intensiver Belastungen (Hottenrott & Neumann, 2016, S. 132).

Zur Vollständigkeit, da GA 2 erwähnt wurde, aber kein Trainingsbereich im oben aufgeführten Mesozyklus (sieht Tab. 6 und 7) darstellt: Ziel des Grundlagenausdauertraining 2 (GA 2) ist die Weiterentwicklung der Nutzung der Grundlagenausdauerfähigkeit bei höheren Trainingsintensitäten (Neumann & Hottenrott, 2016, S. 159).

3.3.5 Auswahl der Ausdauergeräte bzw. Bewegungsformen

Die Ausdauergeräte im ausgewählten Mesozyklus sind Crosstrainer und Laufband.

Diese wurden gewählt, da sie der Person am meisten Spaß machen und sie einige Vorteile bieten.

Beim Crosstrainer wird die Arm- und Schultergürtel-, Rumpf- und Beinmuskulatur gleichzeitig beansprucht. Sehr gut gefällt der Person hier, dass die elliptischen Bewegungen der diagonalen Arm-Bein-Bewegung im Skilanglauf ähnelt, da sie im Winter selbst Skilanglauf betreibt (siehe Tab. 1). Auch findet sie es toll, dass sie in den Bewegungsrichtungen wechseln kann. Die Vorwärtsbewegung auf dem Crosstrainer trainiert verstärkt die Gesäß- und Oberschenkelmuskulatur, die Rückwärtsbewegung überwiegend Bauch- und Hüftmuskeln (Neumann & Hottenrott, 2016, S. 180).

Das Laufband ermöglicht der Person, aufgrund der hohen Stoßabsorption, ein gelenkschonendes und wirbelsäulenfreundliches Training. Außerdem kann die Bewegungsgeschwindigkeit bis hin zum Renntempo variiert werden (Neumann & Hottenrott, 2016, S. 181).

4 Literaturrecherche

In der nachfolgenden Tabelle werden zwei Studien zum Thema „Effekte des Ausdauertrainings bei Diabetes mellitus Typ-2" vorgestellt.

Bemerkung: Auch wenn in der Literaturrecherche nur nach den Effekten des Ausdauertrainings gefragt wird, sind der Vollständigkeit halber alle Studienergebnisse aufgeführt.

Tab. 8: Studien zum Thema „Effekte des Ausdauertrainings bei Diabetes mellitus Typ-2"

Studie 1	Studie 2
Titel der Studie	
DIAKTIV (Diabetes-Ausdauer- u. - Krafttraining im Vergleich): Kardiovaskuläre Effekte von Ausdauer- versus Krafttraining bei Typ-2-Diabetikern	Effects of Aerobic and Resistance Training on Hemoglobin A1c Levels in Patients With Type 2 Diabetes A Randomized Controlled Trial
Quelle	
Edel, K., Coerdt, A., Koliou, D., Koster, M., Aufderheide, I. & Degenhardt, R. (2006). DIAKTIV (Diabetes-Ausdauer- u. - Krafttraining im Vergleich): Kardiovaskuläre Effekte von Ausdauer- versus Krafttraining bei Typ-2-Diabetikern. *Diabetologie und Stoffwechsel, 1* (A408).	Church, T. S., Blair S. N., Cocreham S., Johannsen N., Johnson W., Kramer K. et al. (2010). Effects of Aerobic and Resistance Training on Hemoglobin A1c Levels in Patients With Type 2 Diabetes. A Randomized Controlled Trial. *JAMA, 304* (20), 2253-2262
Wer hat die Studie durchgeführt?	
Edel K., Coerdt A., Koliou D., Koster M., Aufderheide I. & Degenhardt R.	Timothy S. Church, Steven N. Blair, Shannon Cocreham, Neil Johannsen, William Johnson, Kimberly Kramer, Catherine R. Mikus, Valerie Myers, Melissa Nauta, Ruben Q. Rodarte, Lauren Sparks, Angela Thompson, Conrad P. Earnest
In welchem Jahr wurde die Studie publiziert?	
2006	2010
Versuchspersonen	
32 übergewichtige Typ-2-Diabetiker (17 weibliche, 15 männliche Patienten; Alter: 61,4 ± 9,5 Jahre).	262 Typ-2-Diabetiker, die vorher einen sitzenden Lebensstil bevorzugten.
Versuchsaufbau	
Es wurden zwei gleich große Gruppen gebildet, die entweder Ausdauertraining oder Krafttraining 6 Monate lang durchführten. Das Training fand zweimal wöchentlich für je 45	Ein Drittel betrieb jeweils 50 Minuten leichten Ausdauersport mit einem Verbrauch von 21 kcal/kg Körpergewicht (entspricht ca. 6,5 km/Stunde forciertes Gehen). Die zweite

Minuten statt. Die Ausdauergruppe fuhr auf dem Fahrradergometer bei 50-65% der max. Leistungsfähigkeit. Die Kraftgruppe trainierte an 5 Geräten bei 60-80% der Maximalkraft. Zu den Messzeitpunkten T1 – 3 (Beginn, 3 Monate, 6 Monate) erfolgte eine symptomlimitierte Fahrradergometrie, Bestimmung von HbA1c, Cholesterin, HDL-Chol., LDL-Chol., Triglyzeride im Serum, Kraftmessungen des M. Quadrizeps femoris bds. und die Bestimmung des BMI.	Gruppe absolvierte ein Krafttraining (Probanden wiederholten an 2-3 Geräten 9 Übungen jeweils 10-12 Mal). In der kombinierten Gruppe wurde 42 Minuten lang „gewalkt" und anschließend ein wenig Krafttraining betrieben.

Ergebnisse

Die Ruhefrequenz konnte in beiden Gruppen gesenkt werden (p=0,01). Der systolische Ruheblutdruck wurde positiv, statistisch aber nicht signifikant beeinflusst. Die Werte für HbA1c, Cholesterin, HDL, LDL stiegen vermutlich wegen der Studiendurchführung im Winter und den damit verbundenen Essgewohnheiten an. Die Triglyzeride konnten bei guter Ausgangslage weiter gesenkt werden (p=0,04). Gewicht und BMI sanken in beiden Gruppen (p=0,01). Die max. Leistungsfähigkeit (Watt/ kg KG) stieg hochsignifikant an (p=0,007).	Die Kombination aus Ausdauer- und Krafttraining hat den HbA_{1c}-Wert um 0,34 Prozentpunkte gesenkt. Das Krafttraining schaffte 0,16 Prozentpunkte und das Ausdauertraining 0,24 Prozentpunkte.

Schlussfolgerungen

Es konnten signifikante Effekte bei beiden Trainingsarten auf das Herz-Kreislaufsystem gezeigt werden. Zwischen den beiden Trainingsgruppen finden sich keine signifikanten Unterschiede.	Das Signifikanzniveau wurde nur unter der Kombinationstherapie erreicht. Aber auch hier wirkt das Ergebnis nicht überragend. Dabei muss jedoch bedacht werden, dass die Probanden Mitte 50 waren und seit fast 9 Jahren an einem Typ-2-Diabetes mellitus litten, dem wahrscheinlich viele Jahre einen trägen Lebensstils vorausgingen. Es wurde in dieser Studie auch nicht versucht, die Ernährungsgewohnheiten zu ändern.

5 Literaturverzeichnis

Church, T. S., Blair S. N., Cocreham S., Johannsen N., Johnson W., Kramer K. et al. (2010). Effects of Aerobic and Resistance Training on Hemoglobin A1c Levels in Patients With Type 2 Diabetes. A Randomized Controlled Trial. JAMA, 304 (20), 2253-2262

Dargatz, T. (2008). *Fußball Konditionstraining. Kraft Schnelligkeit, Ausdauer und Beweglichkeit* (2. akt. Aufl.). München: Copress

Deutsche Hochdruckliga (Hrsg.). (2017). *Patientenleitfaden Bluthochdruck*. Zugriff am 14.11.2017. Verfügbar unter https://www.hochdruckliga.de/tl_files/content/dhl/downloads/Patientenleitfaden-2017.pdf

Dickhut, H. H. (2011). Einführung in die Sport- und Leistungsmedizin. In O. Grupe (Hrsg.), *Sport und Sportunterricht. Grundlagen für Studium, Ausbildung und Beruf* (2. überarb. Aufl., Band 16) (S. 17-43). Schorndorf: Hofmann

Dickhut, H. H. (2011). Einführung in die Sport- und Leistungsmedizin. In O. Grupe (Hrsg.), *Sport und Sportunterricht. Grundlagen für Studium, Ausbildung und Beruf* (2. überarb. Aufl., Band 16) (S. 219-248). Schorndorf: Hofmann

Edel, K., Coerdt, A., Koliou, D., Koster, M., Aufderheide, I. & Degenhardt, R. (2006). DIAKTIV (Diabetes-Ausdauer- u. - Krafttraining im Vergleich): Kardiovaskuläre Effekte von Ausdauer- versus Krafttraining bei Typ-2-Diabetikern. *Diabetologie und Stoffwechsel, 1* (A408).

Fünten, K., Faude, O., Skorski, S. & Meyer, T. (2013). Sportmedizin. In A. Güllich & M. Krüger (Hrsg.), *Sport. Das Lehrbuch für das Sportstudium* (S. 171-210). Berlin: Springer

Friedrich, W. (2016). *Optimales Sportwissen. Grundlagen der Sporttheorie und Sportpraxis* (3. überarb. und erw. Aufl.). Balingen: Spitta Verlag

Grosser, M., Starischka, S. & Zimmermann, E. (2012). *Das neue Konditionstraining. Grundlagen, Methoden, Leistungssteuerung, Übungen, Trainingsprogramme* (11. neu bearb. Aufl.). München: BLV Buchverlag

Hottenrott, K. & Neumann, G. (2016). Trainingswissenschaft. Ein Lehrbuch in 14 Lektionen. In W. D. Brettschneider & D. Kuhlmann (Hrsg.), *Sportwissenschaft studieren* (3. überarb. Aufl., Band 7). Aachen: Meyer & Meyer Verlag

Hottenrott, K. & Seidel I. (2017). Handbuch Trainingswissenschaft – Trainingslehre. In K. Hottenrott, & I. Seidel (Hrsg.), *Beiträge zur Lehre und Forschung im Sport* (Band 200) (S. 77-102). Schorndorf: Hofmann

Neumann, G. & Hottenrott, K. (2016). *Das große Buch vom Laufen* (3. überarb. Aufl.). Aachen: Meyer & Meyer Verlag

Schurr, S. (2012). *Regeneration für Sportler.* Norderstedt: Books on Demand

Ülsmann, T. (2012). *Kraft- und Koordinationstraining für Fußballer. Für Spieler & Trainer. Praktische Übungen mit 4 Kleingeräten. Mit gezielten Trainingseinheiten.* Aachen: Meyer & Meyer Verlag

Vahl, T. (2014). *Kompakt-Wissen Abitur Sport. Bewegungslehre, Sportbiologie, Trainingslehre, Sport und Gesellschaft.* Freising: Stark

WHO (2000). Obesity: Preventing and Managing the Global Epidemic. In World Health Organization (Hrsg.), *Technical Report Series, 894.*

Zintl, F. & Eisenhut, A. (2009). *Ausdauertraining. Grundlagen, Methoden, Trainingssteuerung* (7. überarb. Aufl.). München: BLV Buchverlag

6 Tabellenverzeichnis

Tab. 1: Allgemeine und biometrische Daten 3

Tab. 2: Klassifikation der Blutdruckwerte...4

Tab. 3: Gewichtsklassifikation bei Erwachsenen anhand des BMI....................5

Tab. 4: Testprotokoll...6

Tab. 5: Relevante Ziele auf Basis der Diagnosedaten.....................................8

Tab. 6: Grobplanung Mesozyklus...9

Tab. 7: Detailplanung Mesozyklus..10

Tab. 8: Studien zum Thema „Effekte des Ausdauertrainings bei Diabetes mellitus Typ-2" 16

BEI GRIN MACHT SICH IHR WISSEN BEZAHLT

- Wir veröffentlichen Ihre Hausarbeit,
  Bachelor- und Masterarbeit

- Ihr eigenes eBook und Buch -
  weltweit in allen wichtigen Shops

- Verdienen Sie an jedem Verkauf

Jetzt bei www.GRIN.com hochladen
und kostenlos publizieren